AF460845

EDICT DV ROY

Du mois de Juillet 1597.

PORTANT CREATION d'aucuns Offices de Thresoriers, Contrerolleurs generaux, Receueurs, & Contrerolleurs particuliers des Aydes, Tailles & Equiuallent: Ensemble des Receueurs & Payeurs des gaiges des Cours souueraines & sieges presidiaux, Triennaux.

Suppl 67 8 23 page

HENRY par la grace de Dieu Roy de France & de Nauarre à tous presens& à venir, Salut. Ayans par nostre Edict du mois de Iuin dernier, creé & erigé en tiltre d'office, plusieurs charges de Thresoriers & Receueurs generauxde noz finances, pour estre exercez & faicts triennaux, pour les raisons contenues en iceluy, & recogneu que

24

ceste institution nous sera grãdement profitable, en ce que noz deniers en seront mieux receuz, maniez & administrez, & les restes recouuerts. Au lieu qu'on les faisoit couler ordinairement d'année en autre, pour les faire tomber en non valloirs, ou bien qui estoient tellement negligez qu'ils ne seruoient aux effects, à quoy ils estoient destinez: Et que partant il est requis suiure ceste ordre, tant pour les receptes de noz Aydes, Tailles & Equiuallent, que plusieurs autres charges comptables qui s'exercent par noz Officiers alternatiuement, faisant iceux triennaux, comme lesdits Receueurs generaux de noz Finances. A CES CAVSES & autres bõnes & grandes considerations à ce nous mouuans, mesmes pour tirer de ladicte creation quelque secours de la Finance qui en prouiendra, pour subuenir aux grandes & vrgentes affaires que nous auons maintenant, & aussi pour satisfaire aux excessiues despences qu'il nous conuient supporter pour le Siege que nous auõs de present deuant nostre ville d'Amyens, pour icelle recouurer des mains de noz ennemis, SÇAVOIR FAISONS, que par cestuy nostre present Edict perpetuel & irreuocable, Auons creé & erigé, creons & erigeons en tiltre d'offices formez, vn Receueur de noz Aydes, tailles, & equiuallent, triẽnal: pour excercer aux lieux où seront establies les Receptes de nosdictes Aydes, Tailles, & Equiuallent, en la mesme forme & maniere que sõt noz autres Receueurs esdictes charges: Comme aussi l'office de Thresorier de nos bastimens, Thresorier de la Marine de Ponant, Thresorier & payeur de la Preuosté de nostre Hostel, Tresorier de nostre Venerie & Fauconnerie, Tresorier des Reparations, Fortifications & Auitaillemens de noz Prouinces de Picardie & Champagne: les offices de Receueurs & payeurs des gages de nos Cours de Parlement, Chãbres de nos Comptes, Cours de noz Aydes, & des Monnoyes, & des officiers des sieges presidiaux de nostre Royaume, & Tresorier des Turcyes & leuées. Comme pareillement creons & erigeons en tiltre d'offices formez, pour exercer triennallement auec lesdicts Comptables, les offices de

Contreroolleurs generaux de noz Finances és generalitez de Paris, Roüen Caen, Orleans, Tours, Bourges, Poitiers, Limoges, Bourdeaux, Montpellier, Thoulouse, Lyon, Moulins, Ryon, Chaalons, Amyens, Soissons, & Bretagne : Les offices de Contrerolleur general de nostre Artillerie, Argenterie, Escurie & viures : ensemble les Contrerolleurs des receptes particulieres contenuz au present Edict, pour iouyr & exercer lesdictes charges doresnauant de trois ans en trois ans, à commãcer du premier iour de Ianuier prochain, aux mesmes honneurs, qualitez, dignitez franchises, libertez, gages, taxations, droicts, proffits, reuenuz & emolumens qui y appartiennent, tels & semblables que les autres Receueurs & Contrerolleurs en iouyssent à present, sans qu'ils y puissent estre troublez ny empeschez par leurs compagnons d'office, ou autres, en quelque maniere que ce soit, & desquels empeschemens ou oppositions, si aucuns y en a, Nous auons reserué & reseruons la cognoissance à nous & à nostre Conseil, & icelle interdite & deffenduë à toutes noz Cours & Iuges quelconques, à peine de nullite de procedures & de tous despens, dommages & interests. SI DONNONS EN MANDEMENT à noz amez & feaux Conseilliers les gens de noz Comptes, que cestuy nostre present Edict ils facent lire, publier & registrer, garder obseruer & entretenir, selon la forme & teneur. Et à noz amez & feaux Conseillers les Tresoriers generaux de France esdictes generalitez, & aux Tresoriers de nostre Espargne, faire fonds ausdits officiers pour leurs gages & taxations à eux attribuez & appartenans, pour les retenir par leurs mains en l'année de leur excercice, & aux autres années en estre payez par leurs compagnons d'office, ainsi qu'il est accoustumé pour les alternatifs. Car tel est nostre plaisir. Et à fin que ce soit chose ferme & stable à tousiours, Nous auons fait mettre & aposer nostre seél à cesdites presentes, & icelles signees de nostre propre main. Donné en nostre camp deuant nostre ville & d'Amyens, au mois de Iuillet, l'an de grace mil cinq cens quatre vingts & dixsept. Et de noſtre regne le huictieſme, Signé,

HENRY.

Et ſur le reply, par le ROY. POTIER.

Et à coſté VISA.

Et ſeellé du grand ſeel en cire verte ſur lacs de ſoye rouge & verte.

Et leu, publié & regiſtré, oy ſur ce le Procureur general du Roy, de ſon tres expres commãdement pluſieurs fois reiteré, ayãt eſgard à l'vrgente neceßité de ſes affaires : à la charge que les deniers ne pourront eſtre employez ailleurs, que pour le payement des gens de guerre, meſme pour ceux qui ſont au ſiege d'Amyens, à peine de les repeter ſur ceux qui les auront receuz. Et que le Treſorier des parties caſuelles ne pourra expedier ny deliurer aucunes ſes quittances, qu'il n'ayt reçeu actuellement les ſommes de deniers portées par icelles : & que par ſes mains iceux deniers ſeront mis en celles du Treſorier de l'extraordinaire de la guerre, pour eſtre employez au payement deſdicts gens de guerre. Et ſans preiudice des oppoſitions, pour leſquelles ſe retireront les oppoſans par deuers ſa Maieſté pour leur eſtre fait droict. Le vnzieſme iour d'Aouſt mil cinqcens quatre vingts dixſept.

Signé, DE LA FONTAINE

LETTRES DE RELIEF d'Adresse à la Cour des Aydes.

HENRY par la grace de Dieu Roy de France & de Nauarre A noz amez & feaux les gens tenant nostre Cour des Aydes à Paris, Salut. Nous aurions par nostre Edict du moys de Iuillet dernier, & pour les raisons y contenues, creé & erigé en tiltre d'offices formez, vn Receueur de noz Aydes, Tailles & Equiuallent, Triennal : pour exercer au lieu où sont establies les Receptes de noz Aydes, Tailles & Equiuallent, en la mesme forme & maniere que font noz autres Receueurs esdictes charges, cōme aussi l'office de Tresorier de noz Bastimēs, Tresorier de la Marine de Ponant, Tresorier & payeur de la Preuosté de nostre Hostel Tresorier de nostre Venerie & Fauconnerie, Tresorier des Reparations & Fortifications & Auitaillemēs de noz Prouinces de Picardie

& Chãpagne : les offices de Receueurs & payeurs des gages de noz Cours de Parlement, Chambres de noz Cõptes, Cours de noz Aydes, & des Monnoyes & des officiers des ſieges preſidiaux de noſtre Royaume, & Treſorier des Turcyes& leuées. Pareillemẽt aurions creé & erigé en tiltre d'offices formez, pour exercer Triennallement auec leſdicts Comptables, les offices de Cõtrerool-leurs generaux de nos Finances és generalitez de Paris, Rouẽ, Caën, Orleãs, Tours, Bourges, Poitiers, Limoges, Bourdeaux, Montpellier, Toulouſe, Lyon, Moulins, Ryon, Chaalons, Amyens, Soiſſons, & Bretagne : Les offices de Contreroolleur general de noſtre Artillerie, Argenterie, Eſcurie, & viures: enſemble les Cõtreroolleurs des Receptes particulieres contenuz audit Edict, pour iouyr par ceux qui seront pourueuz deſdictes charges, ainſi qu'il eſt porté par ledit Edict cy attahé ſouz noſtre contreſeel. Et d'autant que par inaduertance, l'on auroit obmis de vous faire addreſſe de celuy : & qu'à ceſte occaſion pourriez faire difficulté de proceder à la verification, Nous

vous

vous mandons & tres-expressément enioignons, que sans vous arrester à ladicte erreur, vous ayez iceluy nostredit Edict à verifier, en ce qui vous regarde, selon sa forme & teneur, sans aucune restrinction, ny modification tout ainsi qu'eussiez fait & deu faire, si ladicte addresse vous estoit priuatiuement faicte: à quoy vous procederez en toute diligence cõme à chose tres-important grandemẽt le bien & aduãcemẽt de noz affaires & seruice, nonobstant quelconques ordonnances, & lettres à ce cõtraires. Car tel est nostre plaisir. Donné à Paris, le seziesme iour d'Aoust, l'an de grace mil cinq cẽs quatre vingts dixsept. Et de nostre Regne le neufiesme. Signé par le Roy, en son Conseil. FAYET.

Et seellé de cire iaulne, sur simple queuë.

Registrées en la Cour des Aydes suyuant & aux charges contenues en l'Arrest du iourd'huy, à Paris, le vnziesme iour de Septembre, cinq cens quatre vingts dixsept.

Signé, BERNARD.

EXTRAICT DES REGISTRES de la Cour des Aydes.

VEV par la Cour les lettres patentes du Roy en forme de Chartre, données au Camp deuant Amyens, au mois de Iuillet, mil cinq cens quatre vingts dixsept signées Henry. Et sur le reply, par le Roy Potier. Et seellées du grand seel de cire verte, & sur lacs de soye rouge & verte: Par lesquelles & pour les causes y contenues, sa Maiesté à creé, & erigé en tiltre d'offices formez, vn Receueur des Aydes, Tailles & Equiuallent Triennal, pour exercer aux lieux où sont establies les Receptes desdites Aydes, Tailles & Equiuallent, en la mesme forme & maniere que font les autres Receueurs desdites charges, comme aussi l'office de Tresorier des bastimẽs de sa Maiesté, Tresorier de la Marine de Ponant, Tresorier & payeur de la Preuosté de l'hostel, Tresorier de la Venerie & Fauconnerie, Tresorier des Reparations, fortifications & auitaillemens des Prouinces de Picardie & Champagne: les offices de Receueur & payeur des gages des Cours, de Parlemẽt, Chambres des Comptes, Cours des Aydes & des Monnoyes, & des officiers des sieges Presidiaux, du Royaume, & Tresorier des Turcyes & leuées, comme pareillement est creé en tiltre d'offices formé pour excercer triennallement auec lesdicts comptables, les offices de Controolleurs generaux des finãces és generalitez de Paris, Rouen, Caen, Orleans, Tours, Bourges, Poitiers, Limoges, Bordeaux, Montpellier, Toulouze, Lyon, Moulins, Rion, Chaallons, Amyens, Soissons, & Bretagne, les offices de Controolleur general de l'artillerie, argenterie, escurie & viures: ensemble les Cõtrolleurs des receptes particulieres contenus audit Edict: pour jouir & exercer lesdites charges doresenauant de trois ans en trois ans, à commencer du premier iour de Ianuier prochain, aux mesmes honneurs, qualitez, dignitez frãchises, libertez, gaiges, taxations, droicts, proffficts, reuenus & esmolumens qui y appartiennent, tels & semblables que les autres Receueurs & Controolleurs en iouissent à present: Sans qu'ils y puissent estre troublez ny empeschez par leurs compagnõs d'office, ou autres, en quelque maniere que ce soit: & desquels empeschemẽs & oppositions, si aucunes y a, Sadite Majesté en, a reserué la cognoissãce à elle & à son Cõseil, & icelle interditte & deffenduë à toutes ses

Cours & Iuges quelsconques, à peine de nullité des procedures, & de tous despens, dommages & interests: En mandant à ladite Cour, que ledit Edict elle face lire, publier & enregistrer, garder, obseruer & entretenir, selon sa forme & teneur: verification desdictes lettres, faicte en la Chambre des Comptes, le vingtiesme iour d'Aoust, mil cinq cẽs quatre vingts dixsept: Conclusions du Procureur general du Roy: & tout consideré, La Cour ordonne, Que lesdictes lettres en forme d'Edict seront leües, publiees & enregistrees au greffe, à la charge que les deniers qui en prouiendront seront employez à la despence du siege d'Amiens, & non ailleurs: à peine de repetitiõ sur ceux qui les auront diuertis, & d'estre declarez crimineux de peculat & de leze Maieste: sans que par vertu dudict Edict aucun se puisse faire receuoir en l'office de payeur des gaiges de ladite Cour. Prononcé le vnziesme iour de Septembre mil cinq cens quatre vingts dixsept.

Signé, BERNARD.

Registrees en la Cour des Aydes, oy sur ce le Procureur general du Roy, à la charge que les deniers, qui en prouiendront, seront employez à la despence du siege d'Amiens, & non ail-

leurs, à peine de repetition sur ceux qui les auront diuertis, & d'estre daclarez criminеux de peculat & de leze Maiesté: sans que par vertu du present Edit, aucun se puisse faire receuoir en l'office de payeur des gages de ladite Cour, suiuant l'Arrest d'icelle du iourd'huy, à Paris, le vnziesme iour de Septembre, mil cinq cens quatre vingts dixsept.

Signé, BERNARD.

Declaration du Roy,

PAR LAQVELLE SA Majesté entend que tous Officiers Triennaux entrent en exercice au premier jour de Ianuier prochain, suyuant ses Edicts de Iuin & Iuillet derniers.

HENRY par la grace de Dieu, Roy de France & de Nauarre: A tous ceux qui ces presentes lettres verront, Salut. Par nos Edits des moys de Iuin & Iuillet derniers, deuëment verifiez où besoin a esté, Nous auons pour plusieurs bonnes & grandes cõsiderations, & pour le bien de nostre seruice: Creé & erigé en tiltre d'offices formez, plusieurs charges Comptables & Controolles de nos finances, pour estre exercees triennallement: Ausquels nous auons ja pourueu pour la pluspart, comme nous ferons semblablement à ce qui en reste, pour exercer lesdites Offices au premier iour de Ianuier prochain, ainsi que plus amplement est porté par nosdits Edicts: & en iouir par ceux qui en sont & seront pourueuz, aux mesmes gages, honneurs, droicts, authoritez, que les anciens & alternatifs, pourueuz de semblables offices. Et d'autant qu'il est venu à nostre cognoissance, qu'aucuns auroiēt faict semer vn faux bruict d'offres que lon dict nous auoir esté faictes, en faueur des antiens Officiers, & au preiudice desdits Triennaux, encores que par nosdits Edicts, nostre vouloir & intention sur ce soit assez amplement exprimee & declaree, neantmoins pour leuer tout doubte que l'on en pourroit auoir, Nous auons voulu d'abondant la confirmer par ces presentes, Que nous voulons estre imprimées & ioinctes à nosdits Edicts, pour la rendre d'autant plus cogneuë à toutes personnes. A ces causes, auons dit & declaré, disons & declarons par ces presentes signées de nostre propre main: Voulons & nous plaist, que tous les officiers qui ont eſté & ſeront pourueuz cy apres deſdictes offices creez par noſdicts Edicts, entrent en exercice audit premier iour de Ianuier prochain, pour iouyr Triennallement deſormais deſdites charges, ainſi que les autres anciens & alternatifs, ſans qu'ils en puiſſent eſtre depoſſedez, que par mort, reſignation ou forfaiture, ainſi qu'il eſt accouſtumé en toutes charges & offices : & que nous n'auons entendu ny n'entendons receuoir aucunes offres qui nous pourroient eſtre faictes contraires à noſdits Edicts, & à ceſte noſtre preſente declaration. Defendãt à toutes perſonnes de payer en l'annee prochaine nos deniers en autres mains que deſdits officiers Triẽnaux, à peine de payer deux fois : & aux Preſidens & Treſoriers generaux de France, & de noz Finances, en chacune generalité, de n'admettre eſdictes charges de Receueurs & Controolleurs en l'annee prochaine, autres que leſdits Triennaux qui ont eſté & ſeront par nous pourueuz ainſi que dit eſt. Ce que leur enioignons treſexpreſſément. Car tel eſt noſtre plaiſir. En teſmoin dequoy nous

nous auons fait mettre & apposer noſtre ſeel à ceſdites preſentes. Donnees
en noſtre Camp deuant Amyens, le
dixieſme iour de Septembre, l'an de
grace, mil cinq cens quatre vingts dixſept. Et de noſtre regne le neufieſme.

Signé, HENRY.

Et ſur le reply, Par le Roy.

Signé, POTIER.

Et ſeellées ſur double queuë du grād
ſeau de cire iaulne.

Arreſt du Conſeil
D'ESTAT DV ROY, ſur la creation des Officiers comptables Triennaux de la Cour & ſuitte de ſa Maieſté.

VEV par le Roy la Requeſte des Officiers comptables de ſa Cour, & ſuitte : Tendant à ce qu'il pleuſt à ſa Majeſté reuoquer les Edicts expediez aux mois de Iuin & Iuillet derniers ſur le faict des Triennaux nouuellement crées, offrans iceux rembourſer de la finance qu'ils auront payée pour la compoſition deſdicts offices, & ſe contenter de la rente au denier douze, attendant leur rembourſement en trois années. Sa Majeſté ſeant en ſon Conſeil, apres auoir mis en conſideration le grand ſecours qu'elle a receu en l'vrgente neceſſité de ſes affaires par la creation desdits officiers Triennaux, & des causes & raisons qui l'ont meuë à ce faire: A deboutté & deboutte iceux officiers anciens de leur dicte requeste & offres: Ordonné & ordonne que ses Edicts des mois de Iuin & Iuillet, ensemble ses lettres de Declaration interuenues sur iceux le 10 iour de Septembre aussi dernier, sortiront leur plein & entier effect selon leur forme & teneur : & que suiuant iceux lesdicts Officiers Triennaux qui ont esté & seront pourueuz, entreront en exercice le premier iour de Ianuier prochain, sans qu'ils puissent estre troublez ou empeschez en aucune sorte ou maniere, pour quelque occasion que ce soit. Declarant en outre que aux offices ausquels il n'auroit encor esté pourueu, elle ne veut ny entend que les anciens ny alternatifs puissent les exercer en l'année prochaine: ains qu'il y sera pourueu d'autres en commission par les tresoriers generaux des generalitez de ce Royaume, attendant que lesdicts offices soyent leuez aux parties casuelles. Et que le present Arrest sera imprimé & enuoyé par toutes lesdictes generalitez, afin qu'aucun n'en pretende cause d'ignorance. Faict & arresté par le Roy estant en sondit Conseil, en son Chasteau de S. Germain en Laye, le douziesme iour de Decembre mil cinq cens quatre vingts dixsept.

Signé, RVZE.

Declaration du Roy

SVR L'ARREST DV Conſeil d'Eſtat de ſa Majeſté, touchant la creation des Officiers comptables Triennaux de la Cour & ſuite de ſadicte Majeſté.

ENRY par la grace de Dieu Roy de France & de Nauarre, A tous ceux qui ces preſentes lettres verront, Salut. Comme par autres nos lettres de Declaration, du dixieſme Septembre dernier, & Arreſt par nous donné en noſtre Conſeil, le XII. iour du preſent mois, attaché à ces preſentes ſoubz noſtre contreſeel : Nous ayons amplement declaré nos vouloir & intention ſur l'exercice en l'année prochaine, des Officiers Triennaux, nouuellement créez par nos Edicts, des mois de

Iuin & Iuillet, aussi dernier passés, & qu'il ne soit besoing en faire plus expresse declaration, que celle qui est contenue en nostredit Arrest: Neantmoins à fin qu'il ne reste aucun lieu d'excuse à ceux qui y voudroient contreuenir: Auons d'abondant dit & declaré, disons & declarons, par ces presentes signees de nostre main, que nous ne voulons ny entendons qu'aucuns se puissent immiscer à l'exercice desdictes charges triennalles, s'il n'est pourueu en vertu de nos lettres de prouision, suyuant nosdicts Edicts, ou commis par les Tresoriers generaux de nos finances; attendant que les offices soient leuez en nos parties casuelles: Ainsi que plus amplement est declaré par nostredict Arrest: à peine de crime de faux à ceux qui y contreuiendront Et que si aucun des anciens Officiers ou Alternatifs y estoit Commis, ou que en quelque sorte ou maniere que ce soit, s'ingerast en l'exercice desdictes charges en ladicte année prochaine; Voulons & entendons qu'il soit contrainct au payement des sommes contenues és quictances du Tresorier de nos parties casuelles, pour les offices qu'ils exerceroient en commission, ainsi qu'ils ont esté taxez en nostre Conseil. Et qu'à ce faire ils y soient contraincts, comme il est accoustumé pour nos deniers & affaires. Nonobstant oppositions ou appellatiõs quelconques : La cognoissance desquelles nous auons interdicte & defendue, interdisons & defendons à toutes nos Cours & Iuges quelsconques : Mandans tresexpressément aux Presidens & Tresoriers generaux de nos finances, faire suiure nostredite intention, à peine de nous en respondre en leurs propres & priuez noms. Car tel est nostre plaisir. En tesmoing dequoy Nous auons faict mettre nostre seel à cesdictes presentes. Donné à S. Germain en Laye, le dixneufiesme iour de Decembre, l'an de grace, mil cinq cens quatrevingts dixsept. Et de nostre regne le neufiesme. Signé,

HENRY.

Et sur le reply, PAR LE ROY.

RVZE.

Et seellé sur double qüeuë du grãd seau de cire iaune.

www.ingramcontent.com/pod-product-compliance
Ingram Content Group UK Ltd.
Pitfield, Milton Keynes, MK11 3LW, UK
UKHW020235180726
13838UKWH00005B/2394

9 782329 347219